Découverte Benjamin

Pour Alice

Écrit par Corinne Courtalon
Illustré par Christian Broutin

Conseil pédagogique :
Équipe du bureau de l'Association Générale des Instituteurs et Institutrices des Écoles et Classes Maternelles Publiques.

Conseil éditorial :
Jean Vercoutter, membre de l'Académie des Inscriptions et des Belles-Lettres.

ISBN 2-07-055850-9

Dépôt légal : janvier 2004. Numéro d'édition 127829
Loi n°49-956 du 16 juillet 1949 sur les publications destinées à la jeunesse.

Imprimé en Italie par Editoriale Lloyd

Sur les bords du Nil, au temps des pharaons

GALLIMARD JEUNESSE

Connais-tu l'Égypte ?

Dans ce pays, il y a plus de trois mille ans, vivait un peuple très doux et très savant. Il aimait construire d'énormes et magnifiques monuments. Au cours des siècles, le sable a recouvert ses maisons, ses palais et ses temples.

Comment redécouvrir sa façon de vivre ? Il faut être patient et creuser le sable. C'est le travail des archéologues qui retrouvent des statues, des meubles, de la vaisselle, et parfois de véritables trésors ayant appartenu aux anciens Égyptiens.

Si tu vas dans les musées, comme celui du Louvre à Paris, tu verras de beaux objets égyptiens qui ont été retrouvés dans le sable.

En Égypte, il fait très chaud

C'est le désert, il ne pleut jamais, rien ne pousse et personne ne peut y vivre. On rencontre des animaux inquiétants !

Les animaux du désert : scarabées, scorpions, vautours, gazelles, lions, vipères. La piqûre du scorpion peut tuer les petits enfants.

La vallée du Nil est indiquée en vert. L'Égypte se trouve au nord-est de l'Afrique.

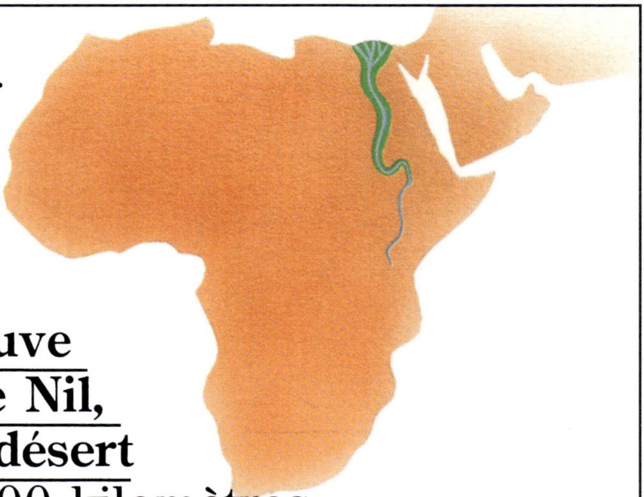

Mais un fleuve immense, le Nil, traverse le désert pendant 6 700 kilomètres. Les Égyptiens se sont installés sur ses rives. Ils y ont trouvé de l'eau et de la fraîcheur pour les cultures. Chaque été, il y a un miracle ! Quand le soleil chauffe si fort qu'il risque de tout brûler, le Nil se gonfle d'eau et déborde en inondant la vallée. Trois mois plus tard, il rentre dans son lit.

En été, la vallée est inondée, c'est la crue. Elle dépose sur le sol une boue noire très fertile : le limon.

En hiver, le fleuve reste dans son lit. Dans le sol de la vallée gorgé d'eau, les plantes peuvent pousser.

De nombreux bateaux voguent sur le Nil : de longs navires à voiles et à rames qui transportent des marchandises, et des bacs plus petits pour traverser le fleuve. Les pêcheurs fabriquent des barques très légères en nouant les tiges des papyrus qui poussent au bord de l'eau.

Les chasseurs capturent les oies et les canards sauvages en lançant un bâton qui les assomme, le boomerang.

Le fleuve regorge de poissons : anguilles, carpes, poissons-chats, tanches. Avec les œufs du poisson qu'on appelle mulet, les Égyptiens font une sorte de caviar. Il faut être prudent, se méfier du crocodile et de l'hippopotame qui risquent de faire chavirer le embarcations. Sur la rive, attention au cobra ! La morsure de ce serpent est mortelle !

Couronne du Sud Couronne du Nord Couronne de l'Egypte

Le pharaon est un roi très puissant

Les Egyptiens pensent qu'il est le fils du soleil et qu'il a des pouvoirs surnaturels.
A quoi ressemble-t-il ? Près des temples, de grandes statues de pierre le représentent souvent portant une coiffe enveloppant sa perruque, le némès (à gauche). A son menton est attachée une fausse barbe et sur son front est posé l'uraeus. Ce petit cobra protège le roi.

Le pharaon coiffé de la couronne bleue, le kepresh

La reine

Le prince tient une fleur de lotus.

Il y a de nombreux serviteurs dans le palais.

Le pharaon reçoit souvent des cadeaux des peuples amis.

Il fait construire des temples et des palais.

Il aime aller à la chasse au lion.

Les Égyptiens sont heureux chez eux. Ils n'ont pas envie de voyager ni de conquérir d'autres régions car leur pays est riche. Mais ils doivent se défendre contre des peuples venus du désert ou de la mer Méditerranée, qui voudraient s'installer à leur place.
Le pharaon repousse facilement, les envahisseurs : son armée est forte et bien organisée. Mais un jour, elle sera vaincue par les Perses.
Les prisonniers de guerre sont emmenés dans le désert pour travailler dans les mines d'or ou les carrières. Ils taillent les pierres pour les temples et les palais.

Prisonniers

Les Égyptiens écrivent en hiéroglyphes.

Les scribes aident le pharaon

Ils sont envoyés dans toute l'Égypte pour surveiller les récoltes et la construction des temples. Parfois, ils partent en expédition dans le désert pour rapporter des matières précieuses.

Comment devenir scribe ?

En apprenant à lire, à écrire, à compter. Il faut du courage car les maîtres d'école sont très sévères et donnent des coups de bâton aux mauvais élèves !

Les Égyptiens écrivent sur un rouleau de papier très fin, le **papyrus.**

Le papyrus est une plante qui pousse près du Nil. Sa tige est taillée, puis les morceaux étalés avant d'être écrasés.

Après les inondations, les champs sont semés puis piétinés par des bêtes pour enfoncer les graines.

Les paysans font de belles récoltes. **Pour que les plantes poussent, il faut arroser la terre avec l'eau du Nil,** car en Egypte, il ne pleut jamais. Les paysans utilisent un chadouf. Ce récipient soulevé par un balancier permet de puiser l'eau et de la verser dans les canaux d'irrigation. Un scribe surveille la récolte.

Pioche

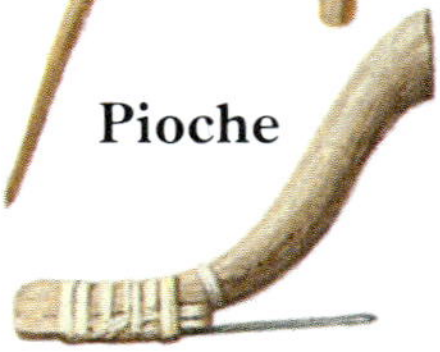

Outil de charpentier

Couteau

Poinçon

Les Égyptiens se maquillent beaucoup. Le kohol noir qu'ils déposent au bord de leurs paupières protège leurs yeux de l'éclat du soleil.

Les Égyptiens aiment se tenir sur leurs toits en terrasse dès que le soir tombe.

Comment s'habillent les Égyptiens ?
Les hommes portent un pagne, les femmes se drapent dans une longue robe de lin, quant aux enfants, ils sont souvent tout nus. Pour se protéger du soleil, les Égyptiens mettent de lourdes perruques. Celles des femmes sont plus longues que celles des hommes.

Les maisons sont construites en briques de terre puis peintes de couleurs vives. Les toits sont plats, on y installe des silos pour conserver le grain. Dans le jardin, des papyrus et des sycomores poussent autour d'un bassin.
Les Égyptiens adorent les chats, ils les dressent pour la chasse. Souvent, les chats sont momifiés après leur mort.

Miroir

Boîte à fard

Bracelet

Sandales

As-tu vu ces ustensiles de cuisine ? Ils ne sont pas très différents des nôtres !

Les Égyptiens prennent leurs repas autour de tables basses. Ils s'installent par terre ou sur des tabourets. Ils boivent de la bière dans des coupes, et n'ont pas d'assiettes. Chacun pioche avec ses doigts dans le plat. Au menu ? Surtout du poisson, des oignons et du pain, mais aussi des volailles, des laitues, des lentilles, des concombres... Les Égyptiens fabriquent des objets en bois : sièges, tables, lits ornés de pieds d'animaux, et de curieux oreillers, les chevets, sur lesquels ils appuient leur nuque. Avec l'or et les pierres précieuses trouvées dans le désert, ils font de magnifiques bijoux.

Écumoires

Passoire

Balai

Fauteuil

Chevet

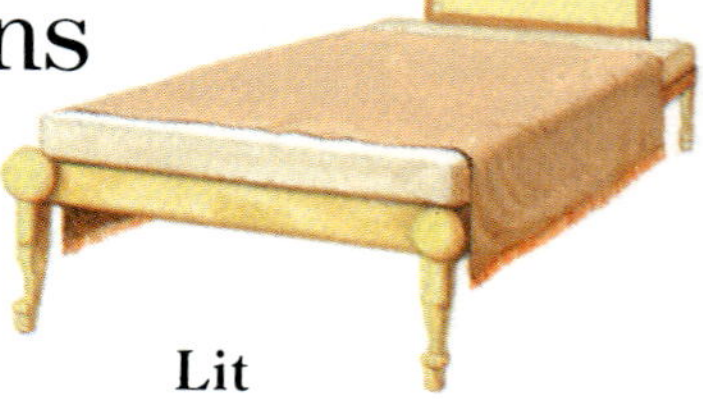

Lit

Les Égyptiens aiment la vie de famille. Ils apprécient tout particulièrement les jeux de société : jeux de dés, osselets, jeux de dame et aussi le curieux jeu du serpent “ mehen ” qui ressemble à notre jeu de l’oie.

Ils organisent des banquets auxquels participent leurs amis. On invite un petit orchestre et des danseuses pour distraire les convives. Les musiciens jouent de la harpe, du luth, et de la flûte. Pour scander les mélodies, les chanteuses secouent des hochets qu’on appelle des sistres.

Jeux des petits : lion articulé, cheval à roulettes, poupée.

<u>Les enfants, filles et garçons, préfèrent des jeux sportifs :</u>
jeu d'adresse comme le tir à la cible, équilibrisme, lutte, ou encore quelque chose qui ressemble beaucoup à notre saute-mouton.
Les plus petits possèdent de jolis jouets en bois et en tissu : toupies, balles, poupées, animaux articulés à roulettes.

Jeu d'adresse

Qui sont ces hommes à têtes d'animaux ou aux drôles de chapeaux ? Ce sont des dieux qui veillent sur les Égyptiens. Ils vivent dans de gigantesques maisons, les temples. Personne ne peut y entrer, excepté les prêtres. Chaque dieu a sa statue dans la pièce la plus secrète du temple. Parfois, les prêtres sortent la statue et défilent en longs cortèges. C'est l'occasion de grandes fêtes pour les Égyptiens.

Les deux grandes pierres dressées à l'entrée du temple sont les obélisques.

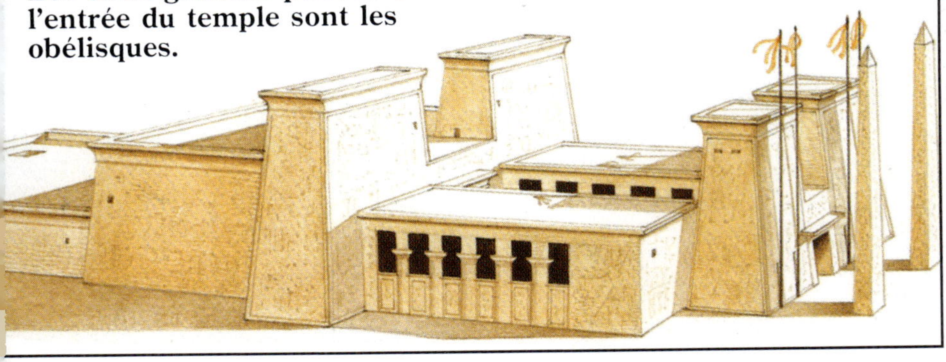

Connais-tu les pyramides d'Égypte ?

Elles se dressent dans le désert, à l'abri des inondations du Nil. Ce sont de gigantesques tombeaux ! Dans chaque pyramide, plusieurs galeries secrètes mènent à la chambre où reposent le sarcophage et la momie du pharaon.

Pyramide de Chéops :
1 – Chambre du roi
2 – Chambre de la reine
3 – Chambre inachevée
4 – Grande galerie
5 – Puits d'aération

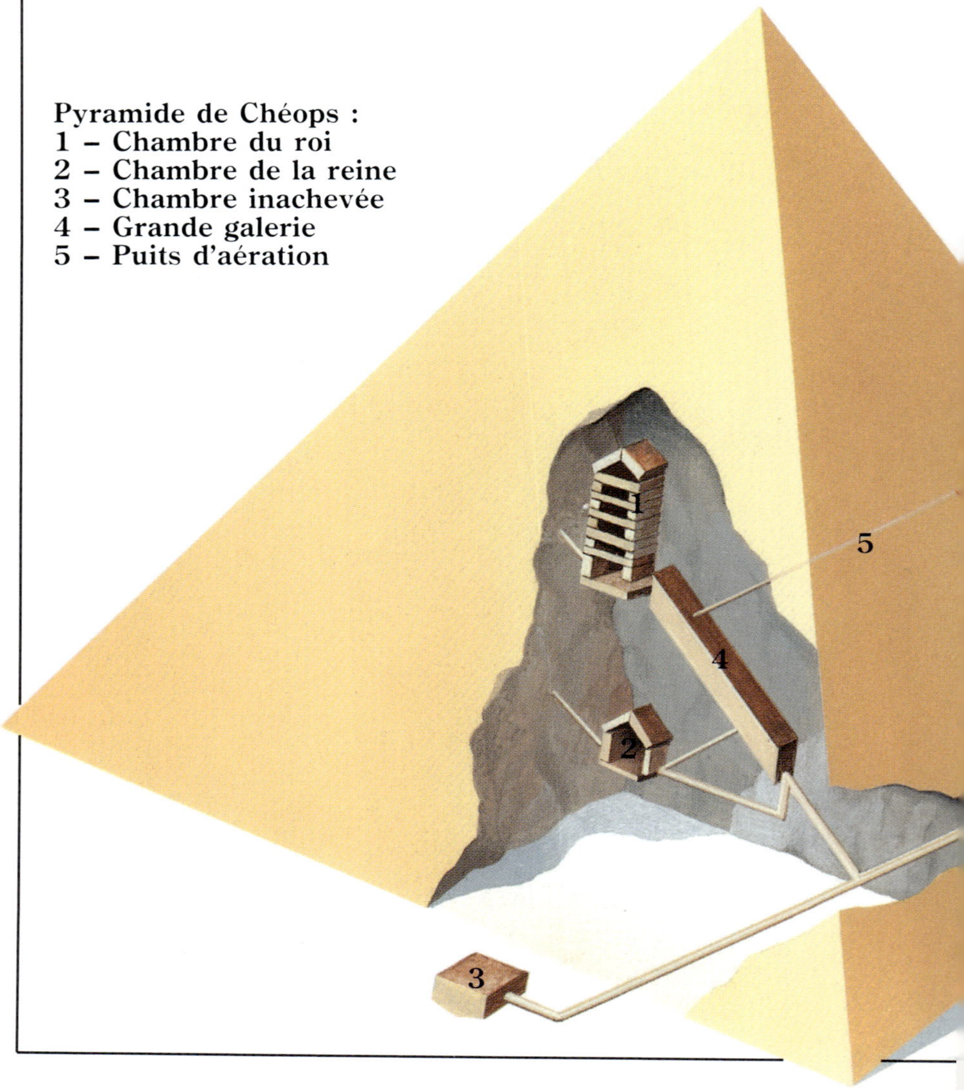

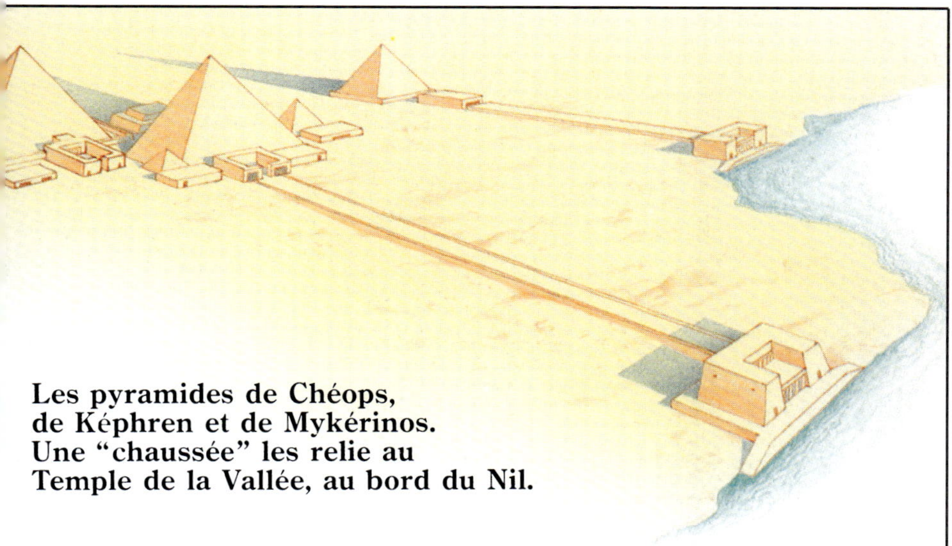

Les pyramides de Chéops, de Képhren et de Mykérinos. Une "chaussée" les relie au Temple de la Vallée, au bord du Nil.

Tout autour, des pièces sont remplies de meubles, de vases et d'objets précieux : **les trésors du pharaon.** Impossible d'entrer dans une pyramide ! L'entrée est cachée et les galeries qui mènent à la chambre du roi sont bouchées pour empêcher les voleurs d'y pénétrer.

La plus haute pyramide d'Égypte mesure cent quarante-six mètres : c'est celle du pharaon Chéops.

La construction d'une pyramide peut durer près de trente ans.
Il faut aller chercher des blocs de pierre dans des carrières parfois situées très loin, puis les charger sur des bateaux qui descendent le Nil. Sur terre, les Égyptiens transportent les pierres à l'aide de traîneaux.

Comment soulever des pierres de vingt tonnes sans l'aide d'une grue ? Même en réunissant les forces de plusieurs personnes, c'est impossible ! Les Égyptiens bâtissent d'immenses rampes de briques tout autour de la pyramide. Elles leur permettent de traîner les pierres jusqu'au sommet. Le pharaon fait appel aux paysans pour les travaux.

Lorsque quelqu'un meurt, on
embaume son corps pour qu'il
se conserve très longtemps.

Il est parfumé et enveloppé de bandelettes.

On le met à l'abri dans un beau sarcophage de bois.

D'autres tombes sont creusées dans les montagnes du désert.
Ce sont de vraies maisons, avec plusieurs pièces. Pour que le mort y soit heureux, les murs sont décorés de peintures représentant le Nil, les animaux et les hommes qui vivent sur ses rives. On remplit la tombe de beaux meubles et on place des chaouabtis tout autour de la momie. Qu'est-ce qu'un chaouabti ? Une petite statuette représentant un serviteur du mort. Les plus prévoyants s'entourent de trois cent soixante-cinq chaouabtis : un pour chaque jour de l'année !

◄ Le mort continue à vivre dans un autre monde où il est protégé par le dieu Anubis.

Pour se rendre dans le désert où l'on enterre les morts, il faut traverser le Nil.

A
B
C
D
E
F
G
H
I
J
K
L
M
N
O
U
P
Q
R
S
T
V
W
X
Y
Z

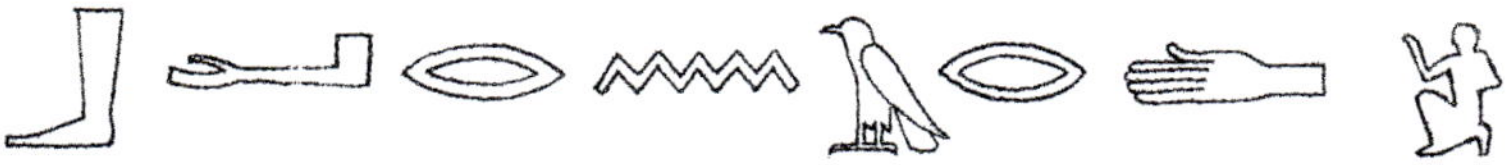

Une drôle d'écriture !

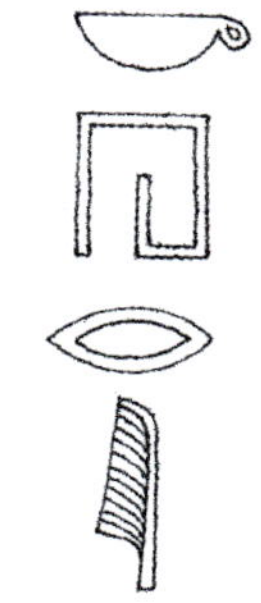

Pour écrire, les Egyptiens tracent de petits dessins représentant des objets, des animaux ou des plantes. Ce sont des **hiéroglyphes.** Certains sont gravés sur les murs des temples ou le socle des statues, d'autres sont tracés à l'encre sur des papyrus.

Que signifient-ils ?

Ce fut longtemps un mystère. Au XIXe siècle, Jean-François Champollion sut les déchiffrer.

Regarde sur la page de gauche : chacun de ces dessins se prononce comme une lettre de notre alphabet.

Mais il existe plus de sept cents hiéroglyphes. Ils ne représentent pas tous une lettre !

Ces silhouettes étaient dessinées a la fin d'un nom et indiquaient s'il s'agissait d'une femme ou d'un homme.

Le petit sycomore
Qu'elle a planté de sa main
Ouvre la bouche pour parler.
Son bruissement est doux
Comme un breuvage de miel.
Ils sont beaux ses gracieux rameaux
Verdoyants.
Il est chargé de fruits jeunes et de fruits mûrs,
Plus rouges que le jaspe sanguin ;
Ses feuilles sont comme le jaspe vert.

L'amour de ma belle est sur l'autre rive.
Un bras du fleuve est entre nous,
Et le crocodile se tient sur le banc de sable.
J'entre à l'eau, je plonge dans le flot ;
Mon cœur est puissant sur les ondes ;
L'eau est comme terre sous mes pieds.
Son amour, c'est ce qui me rend fort ;
Il conjure pour moi les dangers du fleuve.

(XVIIIe dynastie. 1580-1320 av. J.-C.)

Déjà parus

Découverte Benjamin